ともにそだつ

「そだてびと」への手紙

―振り返りから道を探す一つの方法―

はじめに

人は時々手紙を書く。大切な誰かに向けて、そして自分自身に向けて。書いてはみたものの投函せずに仕舞い込んで、書いたことすら忘れてしまっていることもある。何の気なしに引き出しを開けてそんな手紙を発見すると、少し背伸びをした姿や恥ずかしいほどに純粋に思いつめた姿に驚き呆れ、そして励まされる。「人は一か所・同じ場所（ひとところ）に留まってはいない」と同時に、変わりようのない自分も確かにいることにも気づかされる。

また、頂いた手紙を大事に机の中に仕舞って、時々眺めることがある。そんな時には、自分と家族を心配してくれた方がいたことに対する感謝の気持ちが湧き上がる。

そのような手紙が引き出しの奥底に仕舞い込まれ、それぞれの支えとなっている。盆や正月にはそんな手紙を出してみるのも良いのではなかろうか。

筆者は自閉症児（Ｋ）の父となって30年を過ごした。夫婦共働きでＫは姉（Ｙ）と一緒に１歳から保育所に通った。特別支援教育を中心に35年間の教員生活を経て、現在は保育士・幼稚園教諭の養成にかかわる仕事をさせていただいている。ボランティア学生やホームヘルパーの方々、そして教師との出会いに支えられた30年であった。また、教師としては、出会った子どもたちとその保護者と一緒に試行錯誤した35年であった。

この小冊子は、特別支援教育や家庭支援を学ぶ学生向けに作成した授業資料（10通の手紙に検討を加えたもの）をもとにしている。頂戴した手紙のうち既に公開している第1通から第6通については本文の誤字脱字等を修正した。また全体を通して、登場人物や専門用語等について注釈を加えた。

ミサイルや核の脅威、災害や新型コロナウイルス感染拡大、そしてロシアによるウクライナ侵攻など、先の見通せない時代だからこそ、体験や歴史に学んで、一人一人の豊かな生活と皆が助け合って生きる社会や世界に向かう道筋を探し続けたい。そんな思いを込めて蛮勇をふるって執筆を試みることにした。特別支援教育や家庭支援の参考資料として活用され、ひいては様々な対人援助職の方々との対話のきっかけとなることを期待したい。そして、子育てに悩み、孤立感を味わっている方々にも届き、人とのつながりを後押しするきっかけとなることを願う。

―第1通―

「忘れられない人々（言葉）」

H先輩から頂戴した励ましの手紙から[1)]　1995年

障害児はどの家庭にも生まれる可能性があるわけです。しかし、いつ、どの家庭に生まれるか誰にも分かりません。「神だけが知る」ものだと思います。神が与えたものであれば、その家の宝であり、家宝でありますので、家族全員で大切に見守っていくことが必要ではないかと思っています。

「まさか我が家に」が現実になった時の親の気持ちは私共には計り知れないものがあります。

しかし、「親に優る教師なし。」という言葉を良く使います。何と言っても親の対応がK君のこれからの成長を左右するものです。

幸い先生[1]には、今まで、障害児教育を通し、多くの親たちと接してきた尊い経験があり、親としてどうあるべきかは十分心得ておることでしょう。「現実を直視できる心の強い親」になることが大切です。K君もきっと良い親を持った幸せを感じることと思います。

　これからは、近藤益雄先生[2]の「のんき」「こんき」「げんき」の三気が正に必要ですね。

　先生[1]がK君を思う気持ち、家族を大切にする気持ちが、お姉さんYちゃんにもきっと通じ、弟思いの心やさしい人間に成長していくことと信じています。

　K先生[3]が「まだ決まったわけじゃない。おれと同じ名前だものきっとよい子に育つよ・・・」といったことば、ほのぼのと感じました。私も、健常児であれ障害児であれ、きっと「よい子」に育つと思います。「よい子」に育てて下さい。そのためには、常に子どもの将来に明るい希望をすてることなく子育てにはげんで下さい。

　通常だって特殊だって同じ一人一人を大切にする教育の原点を忘れずに、弱い子の味方になれる教師、子どもや親から信頼される教師になられることを心から祈っております。

H先輩は昭和35年頃に特別支援学級を担任となった。いろいろな表現がある中で、彼は「神だけが知る」「家宝」「よい子」という表現を選んでいる。機関紙に彼が寄稿した文章には「人から産まれた者は皆、人である」という表現も使っていた。そこには、「ホモサピエンス：英知人（リンネ）」「ホモファーベル：工作人（ベルクソン）」「ホモルーデンス：遊戯人（ホイジンガ）」「ホモシンボリクス：象徴を使う人間（カッシーラ）」などといった様々な人間の定義と目の前の障害児者とが合致しないように感じる違和感に悩み、目の前の子どもを含めた「人間」の定義を探し、最終的に選んだ表現だったと私は推察している。

そして、障害児が生まれる必然性を神の意志としてとらえ、家族が家宝として大切に育てることが、よい子に恵まれたことに気づくことにつながるという洞察に彼は至ったのだと思う。

最後の一文はこれまでもそしてこれからも私の職業的な拠り所であり、大切な教訓である。弱い立場の人々（自分もその中に入っているかもしれない）を足蹴にするような人間には決してなりたくはないが、結果としてそんな言動をしてしまっていることがある。少なくとも、してしまったことに気づいたらすぐに謝罪する勇気を持って生活していたいと思う。先輩から手紙をいただいてから25年目にして、誰に対しても謙虚に向き合い、自分の限界を認めて素直に伝え合うことが大切であることに気づき始めている。

1　筆者
2　昭和初期から第二次世界大戦後にかけて生活綴り方教育と知的障害児教育・福祉に取り組んだ実践家
3　同じ職場に勤務していた先輩（H先輩は当時の校長であり長く障害児教育に携わっていた）

―第2通―

「保育所の先生方へ」

卒園に際してのお礼：Kの立場で父代筆[1)]　1998年

僕は普通の子として生まれたかった。自閉症などという障害を持たずに生まれていたら、どんなに楽しかっただろう。野球やサッカーを友達と楽しむ事もできたかもしれない。勉強だっていっぱいやって、いろんな事をたくさん覚える楽しさを味わう事ができたかもしれない。やっぱり障害が無い方が良かった。

そんな事を考えていると、お母さんが心配そうに僕の顔を覗き込む。悲しそうに、そしてとても優しい目をしている。きっとお母さんも同じ事を考えていたに違いない。そんな時決まって、お父さんが大きな声を出す。少なくとも僕には大きな声に聞こえる。

「仕方がない。現実を幸せだと思うしかないよ。もし・・・と考えたらきりがない。もしかしたら普通に生まれたからこそ、他人様に迷惑をかけるようになっていたかもしれない。何がいいか分からないよ。穏やかなKでよかった。Yも優しいし幸せだよ。」

僕が両親をほかの大人と区別して親密な何かを感じるようになったのは２歳ぐらいの時だ。それまでは、保育所に朝預けられる事にも特別な思いはなかった。お姉ちゃんは３歳のくせに泣いてばかりいた。僕は周りの様子の変化は感じていたけれど、その変化の意味するものには無頓着だった。T先生が僕に周囲と自分との関わり方を教えてくれた。僕の求めるものは周りの人には伝わり難いし、伝えようとも考えていなかったのだが、T先生は僕に分かるように考えを伝える事ができた。そして僕の話、言葉にならない僕の気持ちを分かろうとしてくれた。それでもまだ、僕は周りの事が分かっていなかった。

T先生がいなくなった春から、僕はO先生と一緒の時間が多くなった。O先生はいつも僕のそばにいた。ふと気がつくとO先生の視線を感じた。この頃から、僕には疑問が生まれてきた。そして、何より「お母さん」が特別な人になった。「どうして保育所に置いて行ってしまうのか。」「早く迎えに来て欲しい。」「暖かく、ぎゅうっと抱きしめられるといい気持ちになれるのに。」などなど、たくさんの気持ちが湧き出してきた。今までのぼんやりした幸せな感情とは違うものが心の中に芽生えた。

O先生はそんな僕の心を知っているように、周りの物に名前があり、使い方がある事、そして、人と一緒に遊ぶ楽しさを教えてくれた。ぼんやりした幸せは、はっきりした楽しさや悲しさに変わっていった。友達のそばにいる事も好きになってきた。それまでは、おもちゃのヘリコプターを回してばかりいたけど、滑り台やブランコが大好きになった。O先生の言う事を聞くと楽しい事が待っている。僕は挑戦してみる事にした。砂遊びも覚えた。僕の手が物の形を変えていく。出来上がると先生は喜んでくれる。大きな声で笑って誉めてくれる。僕は嬉しくなった。先生のそんな笑顔が楽しくて追いかけっこも覚えた。鉄棒もやってみた。巧技台も跳び箱もやってみた。いろんなものがあって、沢山の先生がいて、いろんな友達がいる。そして、やっぱり一人よりみんなと居るのがいい。先生と一緒がいい。家族といるのがいい。お父さんが帰ってくるとやっぱり嬉しい（時々先生と遊びたい時もあったけれど）。

でも、楽しい事ばかりではない。僕より年下のくせに、僕が反抗しないものだから、馬乗りになって僕を叩いた奴がいる。僕は嫌だったが、どうしていいか分からなかった。「止めて！」と叫んだが相手には伝わらなかった。僕の気持ちは分かろうとしてくれる人にしか分からないらしい。みんなに通じる言葉があれば、きっともっと早く止めてくれたに違いない。それから僕は、彼には近寄らない事にした。でも、そんな事を考えているとなぜか、ばったり会うものなのだ。病院で会った時は驚いた。「なぜ、そこにいるんだ。」僕が診察から戻ると彼が待合室に座っていた。「（読んだ）本を返しておいで。」とお父さんが言う。返そうとは思っているけど、彼の前を通っては行けない。「Ｋ～」と気軽に声をかけられても困る。

こんな事もあった。僕は友達をかじった事がある。痛かっただろうな。それなりの理由はあったのだが、それは僕にとっての理由だ。そう言えばあの頃、夜中に泣いてみんなを困らせていた。いまだに両親はその時の僕の気持ちが分かっていない。色々と想像はしているようだけど無理もない。僕自身よく覚えていないのだから。どうにも不安な時期だった。

僕は思う。例え相手の気持ちが理解できなくとも、ただ寄り添ってくれる人の有り難さ。慰め励まし、一緒に悲しんだり喜んだりしてくれる人の大切さ。人の心を癒すのは、そんな無力な人の心なんだ。僕と心を重ねようとしてくれる人々に救われた。心を重ねる方法は時間と努力が教えてくれた。僕は今、少しずつ人の気持ちや物の働き、そして、時間の流れが分かってきている。僕は世界の一部になった。小さな小さな一部分。友達と同じように、お父さんやお母さん、お姉ちゃんや先生方、そんな一人一人と同じ世界の一部分。

これからも多くの出会いを重ねていく事だろう。お父さんが言っていた。

「我が家は出会いに恵まれている。保育所に一緒に行って、入所を頼んでくれた職場の上司。優しい保育所の先生方。暖かく見守ってくれるご近所。学童保育のために区役所まで行って陳情してくれた館長さん。かつて教えた子どもの家族も励ましてくれる。とても有り難い事だ。」

もうすぐ卒園です。僕もお父さんと同じ気持ちです。Ｏ先生。微笑みをありがとう。

僕に笑顔を教えてくれたＯ先生お元気で。

Ｋが２歳の時にお世話になったＴ先生、３歳４歳とお世話になったＯ先生に卒園時にこの手紙を書いた。Ｋの様子を思い出しながら、本人の気持ちを想像して書いたつもりだが、代弁者となりえたかどうか自信はない。ただ、我が子の障害の告知に動揺し、価値観を再構築する時期に、Ｋと保護者に寄り添い、Ｋの将来に希望を持って接し続ける保育士の姿に勇気付けられたことを素直に伝えたいと思った。そして、本人にも保育士のそうした関りが確かに伝わっていること（伝わっていると保護者が感じていること）を伝えたかった。

今、保育士・幼稚園教諭の養成に関わる仕事に就くことができ、保育・幼児教育の仕事が子どもだけでなく保護者を支える大切な仕事であることを、支えられた当事者としての感謝を込めて学生に伝えている。

福祉サービスや子育てについて、専門的な知識を持ち、それを的確に相手に伝えることは重要だろう。また、子どもの興味関心に合わせて教材を工夫し、伝わりやすい配慮ができる専門的な技能を磨くことも欠かせない。しかし、特別支援教育に関して言えば、何より大切なのは、子どもの将来や今の力を信じ、気持ちや意図を汲み取りつつ寄り添い続ける覚悟だと思う。子どもと並び立ってその視線を共有することからしか興味関心を探ることはできない。後ろから支えるように触れ合うことでしか、直接子どものやりたいことを感じ取ることはできない。課題を介して向かい合うことでしか、施した仕掛けや工夫を確かめ改善することはできない。そのようにして確かめ改善することでしか、子どもの力を真に理解することはできない。それが毎日続くのが保育・教育の仕事なのだから、挑戦する山は次々に現れる。登りきることだけなく、道端の草花や石くれにも目を向けて、仲間と共にその過程を楽しむことなくして続けられるものではない。

弱音を吐いても良い。それでも子どもと保護者に寄り添い続ける覚悟があれば、きっと子どもや保護者そして同僚に助けを求めることができる。弱い自分を知っている者しか、心が傷ついたり自信を無くしたり変化を受け容れられずに悩んでいる当事者の立ち直りを信じて待つことはできない。知っていると思っている者、できると過信している者は、ともすれば強引に相手を引き上げようとしてしまうかもしれない。引き上げられる者は何が何だか分からないうちに次の環境で右往左往することになる。その人が自分の力を信じて、「何とかなる」「何とかできる」と思えることがレジリエンス（resilience）の高まった状態であり、その力を引き出す支援がエンパワメント（empowerment）と言われるものだろう。保育士・幼稚園教諭を目指す若者には、様々な人々との出会いを大切にしてそこから学ぶことを心がけて、まず、自分自身をエンパワメントしてレジリエンスを高めていってほしい。

信じて待ち、機会を捉えて「共にある」ことを伝えて下さる保育士に出会えたことが家族の今を支えている。

—第3通—「けい（K）ちゃんへ」

卒園に際してのT先生からの手紙[1)]　1994年

お手紙ありがとう。読んでいてとても胸がいっぱいになりました。
そして、最後の日
病気が治り、また、けいちゃん[1]に出会うことができて本当によかったと思います。
春↓手遊びをする先生の手を「とんとんとんとんひげじいさん」「とんとんとんとんアンパンマン」じっとみつめるキラキラした目のけいちゃん
夏↓頭から水がかかっても平気だった、大好きなプールではしゃぐけいちゃん
秋↓運動会のリズムで皆の輪の中でニコニコしていたけいちゃん
冬↓雪　冷たかったけれども、じっと空を見上げて雪の降る様子をニコニコ

見ていたけいちゃん
そして　3月。Yちゃんと手をつなぎ児童センターまで頑張って歩いた散歩。ちょっぴり疲れたけれど児童センターでの大型マットでのジャンプ。楽しかったね。

この1年とっても大きくなったけいちゃん。

そして、たくさんの楽しい思い出が出来たね。

いちご組で遊びたい！水遊びしたい！サラサラとした砂にもっと触れていたい！お外に行きたい！

などなど何度思ったことでしょうね。そのたんび、「けいちゃん」という突然の声で「ドキッ。アッまたか～」といやになることもあったね。それでも・・・・「すき」と言ってくれてありがとう。

けいちゃんに「すき」と言ってもらえるのが何よりうれしい先生です。

だってけいちゃんは、うそをつかず、正直で素直だからね。

そして最後の日「チューは？」と何度も言った先生に何度もしてくれたね。

あまりたくさんしてくれるので、なぜか胸がいっぱいになった先生でした。

輝く笑顔、かわいい口もと忘れません。

いっぱい遊んでくれるお父さん！可愛がってくれるお母さん！しっかりもののお姉ちゃんにかこまれ、皆に可愛がられるいい子に育ってね。

そして、これからがんばるといったね。

きっとまじめだから一生懸命がんばることでしょうね。

がんばり疲れたら時には横になってみるのもいいですよ。

疲れが身体の上を通り過ぎてゆくから。


模倣が苦手だったKは、手遊びも見ているだけのことが多かった。水遊びは家でも大好きで、真冬にも庭に出て震え上がりながら水をかぶることがあった。夏には水道代が4万円に達して漏水検査をした月もあった。運動会では踊りをまねることはなかったが、みんなが躍る輪の中で、「何をしているのかなあ？」とキョトンと友達を見ていた。冬には雪が降るのを不思議そうに見上げることがあった。ジャンプが大好きで、立つようになる前から座ったままでもジャンプしていた。そして、段々と興味を示す遊具や素材も増えて、外に出ていろんなものに触れるようになってきた。どの姿もＫであることの証のような行動だった。

手紙に要約されたＫの変化は具体的で的を射ていた。そして、心理描写もＫの気持ちを的確に表現していた（ように受け止めることができた）。口元のかわいらしさに両親が触れたことはなかったが、内心思っていたことであり、同じ気持ちで接して下さっていたことを知ると、一層有り難く思えた。生真面目な性格、ストレスをため込んでしまう傾向まで理解して、日々の混乱が少なくなるように配慮して下さっていたことも知ることができた。全てが保護者と並び立ってＫを見守り、理解しようと努めていたことを示していた。

年度末にこのように保護者に伝えることができる日々を過ごした保育士だからこそ、夕方のお迎え時の僅かな時間を捉え、園庭で遊ぶＫを二人で眺めながら、我が子の障害告知に気持ちが揺れている私に、「けいちゃんも成長（発達）していますよ」という一言を添えることができたのであろう。私がその言葉を素直に受け止め、共に育ててくれる人の存在に気づいて励まされたのも、Kと向き合うT先生の姿があったからなのだと思う。保護者にとって、自分以外にも我が子を「かわいい」と思ってくれる誰かの存在は理屈なくうれしいことであり、その人（保育者）の丁寧な関わりに子育てを学ぶきっかけともなるように思う。

保育士・幼稚園教諭そして教師は、子育ての専門家である前に、目の前の子どもを良く知る「育ちを見守る最も身近な伴走者」でありたい。

1　Kの愛称。

―第４通―
「大好きな　けいちゃんへ」
卒園に際してのO先生からの手紙[1)]　１９９８年

けいちゃん、卒園おめでとう！でも、本当はけいちゃんとお別れするのが、とても、とても淋しいです。けいちゃんとばなな組で過ごした２年間は先生にとってかけがえのない２年間でした。

ブランコが大好きでブランコを高く持ち上げると、ニコニコ大喜びで後ろを振り返って見てくれたけいちゃん。けいちゃんの目が本当にうれしそうで、キラキラ輝いていたね。手を引いて、もっとやってって何度も誘ってくれたね。「とんとんとんとんアンパンマン」の手遊びが大好きだったね。くすぐりが大好きで、けいちゃんが笑うのを見て、お友達もみんなで笑っていたね。顔をすりすりして、甘えてくれるのがとってもかわいくて、先生は本当にうれしくて幸せを感じました。

シャボン玉、風船、砂遊び、どろんこや水遊び・・・楽しい毎日。

毎日がんばって、手が洗えるようになったり、コップが上手にかけられるようになったり、トイレでおしっこができるようになったり、嫌いな牛乳や食べ物もちょっぴりがんばれるようになり、先生は本当にけいちゃんはえらいなと思いました。

お友達とも嫌がらずに手をつなげるようになり、いつもニコニコ笑うかわいくてやさしいけいちゃんと先生のそばに、競い合ってお友達が座ってくれて、うれしかったね。

でも、けいちゃんにとって「ダメヨ」と禁止が多くなることもありました。けいちゃんの気持ちをわかってあげ、けいちゃんの心、気持ちにゆっくり寄り添いながら楽しい事をいっぱい一緒に見つけてあげられたらよかったのにとも思います。

いつも穏やかで、笑顔がかわいい、やさしいけいちゃん。先生は、そんなけいちゃんが大好きです。食べちゃいたいくらいかわいいです。

みんなのこと大好きになってよかったね、けいちゃん！みんなと一緒って楽しいね、けいちゃん！これからも、多くの人に愛されて、やさしく、そして穏やかに生きていってください。

ぶどう組になってからは時々しか会えなくなったけれど、「けいちゃん！！」と手を振ると、いつもニコニコして手を振り返してくれたけいちゃん。「とんとんとんとんアンパンマン」の手遊びでカレーパンマンをやってみせてくれたときは本当に感激しました。

園庭でけいちゃんが葉っぱで遊んでいるとき、「けいちゃん、先生もその葉っぱ欲しいなー。葉っぱちょうだい。」と言うと遠くから来て、その葉っぱをフェンスの間から手渡してくれたね。先生は本当にうれしかったです。

人形劇を観る会のとき、カエルが大きな口を開けるとゲラゲラ声を出して大喜びだったけいちゃん。先生が笑ってけいちゃんの顔を見るとそのたびにけいちゃんもニコニコ笑って先生を見てくれました。その目が「先生楽しいね、楽しいね」って言っていました。先生は本当にうれしかったです。

けいちゃんの笑顔、それは本当にけいちゃんの宝物です。それは、みんなを幸せにしてくれます。みんなをやさしくしてくれます。

みんなが助け合い、支え合い、一人の人間として認め合い、大切にし合いながら、やさしく生きていける、そんな社会になってほしいと思います。

これからもたくさんの人と出会い、いろいろなことを経験しながら、楽しい物、ステキな物をたくさん見つけ、けいちゃんの世界を広げていってください。

これからもずっとけいちゃんのことを応援しています。おばあちゃんになっても、けいちゃんの事、忘れないよ！けいちゃんステキな笑顔をありがとう！

やさしさを、ありがとう！


自閉症であっても、人との関係は着実に発達していく。玩具を使っての一人遊びやくすぐりっこのような一対一で向かい合う「二項（二者）関係」から、シャボン玉、風船などを誰かとやりとりしたり、砂（どろんこ）遊びや水遊びなどに誰か三人以上で一緒に取り組む「三項（三者）関係」へと遊びが広がっていく[3]。Ｋも、３年越しのアンパンマンの手遊びでは、両手の人差し指で口を横に開いてカレーパンマンになることができるようになっていた。

そして、そのような遊びの中で培われた関係をよりどころにして、トイレトレーニングや食事指導を受け入れていく。大人に認められる、大人と楽しく過ごしているＫは子どもたちの羨望をも集め、自然に子ども同士の関係も培われたことが分かる。そしてついに、「先生楽しいね、楽しいね」と言葉では言えなくても、振り返って楽しさを共有しようとするようになる。誰かと対象を共有する指差しは見られなくても、後ろにいる保育士を振り向いて他者と楽しさを共有しようとすることに立ち会ったＯ先生の驚きと喜びが伝わってくる。

おそらくＯ先生は正真正銘のおばあちゃんに今はなっているだろう。そして、時々Ｋを思い出してくれていると信じている。Ｋにも、今は傍に居なくとも、励まし続けてくれる誰かをずっと自分の心に住まわせていてほしいと思う。そのような人と一番出会いやすいのが乳幼児期なのではないだろうか。乳児期の出会いは記憶には残らないとしても体に染み込んでいるものだろう。幼児期の出会いもまた、言葉にできるほどの明確な記憶はおそらく無いに違いない。しかし、恐怖や不安そして困難に直面したときの行動様式となってその人を守る。それは愛着行動（アタッチメント）と呼ばれる。

保育士・幼稚園教諭が全ての子のアタッチメントを支えることなどできはしない。しかし、誰も頼るものがいない状況に子どもを置いておくことができないのも保育・教育の現場であろう。安定した予想のできる環境や関係があることに気づかせ、自発を待ち、それを支え、伝え合えることに気づかせる地道な努力の末に、Ｋは振り返って「楽しいね」と気持ちを共有する働きかけができたのである。二項関係から三項関係へという乳幼児期の関係発達は、以後の人間関係の根本となる。その関わりの中で、人への信頼が蓄積されることが、ひいては自分への信頼につながり、自他の存在を肯定できるようになることで、ありのままの自分を受け入れて仲間と共に最善を尽くすという社会の一員としての成長へとつながっていくのではないだろうか。

―第５通―「Ｙへ」

４年生課題作文への父（筆者）からの返信[1)]　２０００年

早いもので君が生まれて10年が過ぎました。家族の歩みも10年ということです。君が大きく成長したように、家族もまた一人一人確実に変化してきたように思います。そして、それぞれがお互いを気遣いながら、それぞれに思いやりを深めてきたように思います。お父さんやお母さんが疲れているとき、君は「大丈夫？」と心配したり、自分から手伝いをしてくれたりしていましたね。そのたびに、どんなに励まされたか分かりません。

君にはＫという障害を背負った弟がいます。Ｋに両親の手をとられ、さびしい思いをしたことも一度や二度ではないでしょう。Ｋのことを両親が心配するのを聞きながら、「ここにＹもいるよ！」と叫びたいこともあったでしょう。いつも「一人ぼっち」を感じているのかもしれません。

夜中に突然Kが泣き出したこともありました。毎日学校でさぞ眠かったことでしょう。そんなKとの生活の中で、幼い頃から、我慢が多く、自分の気持ちを抑え、相手の気持ちを考えて黙ってしまう君を見るにつけ、その優しさをうれしく思いつつも、心配もしていたのでした。だから、「Kなんかいなければいいのに。」と君が言えた時、私は少し安心しました。きっと、そんな一言を我慢していた時が一番悲しかったことでしょう。人は、安心して自分の気持ちをぶつけることができる相手といることが一番幸せなことだと思います。家族はそのようにありたいと思うのです。

しかし、一方で、家族だからこそ身勝手になってしまうこともあります。お父さんも、自分の気持ちを抑えきれずにお母さんや君に当たってしまうことがありますよね。両親共働きで、わずかな時間を工夫しながら、せわしく過ぎる毎日に、みんながイライラしてしまうこともあります。もう少し、ゆっくり、君の話を聞くことができればと思いますが、それがなかなかできません。4年生になって台所の手伝いもしてくれるようになりましたね。毎日ではなくとも、とても助かります。一緒に食事を作りながら、片付けながら、お母さんと話す時間はきっと楽しい時間になることでしょう。

我が家は、障害を背負ったＫと一緒に生活する家族です。同じ境遇の家族があまり多くはない特別な家族かもしれません。しかし、見方を変えれば、特別でない家族というものは無いのです。同じ家族は無いのですから、どの家族も特別なものです。

また、世の中には、家族を持たない子どももたくさんいます。両親が亡くなってしまった子がいます。両親に事情があって自分たちで育てられずに他の人に預けられた子もいます。どのような境遇にあっても、みんな精一杯生きていきます。お父さんとお母さんは、そのような子に出会って、たくさん大切なことを教えてもらいました。

君の名前は「Ｙ」です。「どのような境遇でも、希望を持ち続けてほしい。」そして、「明日を信じて、自分を信じて（大切にして）今日を生きる人間になってほしい。」と思います。でも、それは、必死になって毎日を生きるということではありません。お世話になった人たちに感謝しながら、自分にできることで周囲の人々に恩返しする気持ちをもって、楽しく毎日を過ごしてほしいのです。そして、それは、私自身の目指している生き方でもあります。少し大人になったYさん。これからも、どうぞよろしくお願いします。

障害児のきょうだいにも負担がかかっていることが多い。両親の注意は常により手がかかる障害のある兄弟姉妹に向きがちになり、兄や姉であれば、自分の気持ちを抑え込んで「よい子」を演じざるを得ない状況に自らを追い込むことがある。また、弟や妹であれば、自分に親の注意を引こうとして試行錯誤し、ある時は諦め、ある時は粗暴な言動でさえも厭わないこともあるだろう。そのようにして形作られた親子関係や家族関係は、いわば仮面であり、素直な自分を覆い隠せば隠すほど、後に深刻な反動が生じることもある。

Yが「Kなんかいなければいいのに。」と言えた時こそ、仮面が外れた瞬間だった。半ば気づかないふりをして毎日をやり過ごしていた私は、「ショック」を受けると同時に

「やっぱり」と思い、Ｙが自分の気持ちを素直に言えたことに安堵した。それまで、このような反動を予想はしていても先延ばしになることを期待していた気持ちが確かに自分にはあった。その一言は、重い腰を上げてＹと向き合う決意を固めさせる一言となった。

真剣に向き合い、互いに気持ちを伝え合えたことによって、以後のＹはより明るくなった。状況は変わらないとしても、気持ちを通じ合わせる家族がいることに気づくことが、ありのままの自分を受け入れる強さを培うのかもしれない。

―第6通―「アホ先生（原案：H先輩の実話）」

高学年授業資料[2)]　2000年

「アホ先生！アホせんせー」

「なんだー。」

「おれ、就職決まったー。」

「良かったなあ。がんばれよー。」


道ゆく人々が振り返る。先生と呼ばれたその人は、無精ひげを生やし、短パン姿で赤いリュックを背負っていた。そして、その両手には幼い子の手がつながれていた。呼びかけた青年は、人通りをまったく気にせず、大声で教師に呼びかけた後、一目散に走っていってしまった。彼はその一風変わった教師の教え子であった。アホ先生は特殊学級（今で言う特別支援学級）の教師である。これは昭和35年。今から40年ほど前の話だ。

本名は青野幸一。通称アホ先生。年齢35歳。

話は青野先生がこの小さな漁村に赴任した５年前に遡る。

「君も教師になってもう10年が過ぎた。今、君にやってほしい仕事があるんだ。」

青野は校長室に呼び出された。

「どのようなことでしょうか。」「特殊学級を担任してほしい。」「特殊学級？」

それは聞いたことの無い名前だった。赴任した青野は学級の子どもを見て驚いた。一様に表情が暗く、話しかけると逃げるようにして彼を避ける。もちろん、椅子に座り授業を受けようとするものなど一人もいない。皆一人一人別々で、自分を守るために汲々としているようだった。

事件が起こった。

「ばか、アホ、おまえの母ちゃん出べそ！」学級の三浦君を他のクラスの子が囲んでいじめている。石を当てられ、蹴られて顔を腫らした三浦君はにやにや笑っている。それを見て、「笑ってる。こいつ変だ。気持ちわりー」と皆一斉に逃げ出した。その姿を見かけた青野は遠くから走り寄って三浦君を助け起こした。

「大丈夫か?どうしたんだ。ひどいことするなあ、あいつら。」

三浦君は表情も変えず青野の手を払いのけるようにして走り去ってしまった。

「いったいどうなってるんだ?」青野は振り払われた自分の手を見つめてつぶやいた。

次の日、職員室でその話題を出してみた。

「青野先生。見間違いではありませんか。私のクラスの子にかぎってそのようなことがあるはずがありません。あったとしても、それは貴方のクラスの子が何かしかけてきたのではないでしょうか。全く何をするか分からない人たちですからね。あの人たちは・・・」

「見間違いではありません。三浦が何かしたのかもしれません。しかし、その言い方は・・・」

「先生も大変ですね。赴任早々、あのような子どもたちを引き受ける羽目になって。同情しますわ。」

同僚のその言葉を聞きながら、悲しげな三浦君の表情が浮かんできた。そして、どこに向けてよいか分からない激しい怒りが込み上げてきた。

教室に行くと、いつものように三浦君は表情も無く、部屋の片隅で本を見ていた。好きな本を飽きることなく見続ける。違うことをさせようとすると激しく抵抗し、青野に噛み付くこともあった。「この子が自分から彼らに何かちょっかいを出すことがあるだろうか？いや、絶対に無い。」青野は三浦君の本を見つめる姿を見て確信した。

いつのころからか、青野は教室での授業をやめてしまった。毎日外に出て、校舎内外の整備を行った。花壇を作り、階段を掃除する。そして、看板や壁のペンキ塗り。毎日が多忙である。三浦君たち、学級の子どもたちも紙と鉛筆での勉強よりも余程楽しそうである。青野は、いろいろな作業をしながら、数や文字も一緒に教えた方が余程「使える」と思ったのである。

その日は、海草を採ってそれを皆に売ろうと考えて、学級の皆と青野は海岸にいた。

「あれが、今度仙台から来た先生じゃそうな。何をしでかしたのかのう。あの子たちの受け持ちになるんじゃから、仙台で何かあったんじゃろう。」「なあに、あの先生も2年だけだ。すぐに仙台に帰る。腰掛だよ。」そんな会話が聞こえてきた。

そして、小学校に入学する前の幼い子からは、「アホがいる。近寄るとアホがうつるぞー。」、「アホを教えるアホ先生だ。」と呼ばれるようになっていた。学級の子どもたちの中にも、青野が言えずに「アホセンセイ」と呼ぶ者も出てきた。青野は怒りもせずにそんな話を聞き流し、笑顔で呼びかけに応えた。

青野は最近、学級の子どもたちがかわいらしく思えてきた。こうして一緒に汗を流していて初めて分かることがあった。彼らはなまけ者ではない。ずるく立ち回ることもない。周囲の大人は、「彼らは何もできない」という。しかし、自分たちはどれだけのことができるというのか。「誰のせいにもせず、自分にできること、自分の好きなことを淡々と成し遂げていく彼らの方が余程素晴らしい人間性を持っているのではないか」と考えることができるようになり、教師と言う肩書きを持つ自分や同僚のいやらしさを感じるようになっていた。学校を出て授業をする理由には、そのような気持ちもあったのである。

「今日は大漁だなあ。これを売ってアイスを食べよう。」「うん。」

三浦君は、返事をしながら、いつものように淡々と手を止めずにひじきを採っていた。

「おら、氷のやづがいいな。」「わたしはクリーム。」

夏を迎えて、子どもたちには笑顔が見られ、会話も弾むようになってきていた。そのように気持ちよい汗を流して学校に帰ると、教室の前に見慣れない子が独り立っていた。

「どうしたんだ？」

「細川先生が、おまえなんか青野学級に行け！と言って、僕をここに立たせたんです。」

青野は顔色が変わった。職員室に走っていった。そして、細川先生の襟首をつかみ、

「いいか。良く聞け!俺のクラスには劣等生はいない。おまえが立たせたあの子も、劣等生ではない。俺のクラスの子どもたちに謝れ!」

そう言うと、無理やり教室まで引きずってきてしまった。しかし、自分の表情を恐ろしげに見つめる視線を感じて、「しまった!」と思った。怯えを忘れていた子どもたちに、自分が今またそれを思い出させようとしていることに気づいたのである。

「細川先生。」青野はしみじみと話し始めた。

「彼らを見てください。彼らは先生の蔑んだ言葉は分からないかもしれません。しかし、今、私が血相を変えて先生を連れてきたのを見て怯えています。先生や私を哀れんでいるようにも見えませんか。彼らの心の中には、このように穏やかで優しい面があるのです。私たちと同じです。そんな彼らをアホとか、バカとかと蔑むことが誰にできるでしょうか。道化を演じているのは私たちの

方かもしれません。私はこのことにやっと気づきました。彼らに気づかされたのです。だから、これからは決して彼らを蔑むような言葉を言わないで下さい。子どもたちに教えないで下さい。お願いします。」

細川先生は黙って頷いた。そして「頭のいいはずの俺たちもたいしたことはないのかもしれないなぁ。」そう言って立たせていた子の肩にそっと手を当てて教室に帰っていった。

「アホでいいぞ。堂々とアホでいよう。心が捻じ曲がった人間にはならないようにしよう。その方が、心が爽やかだ。なぁ三浦君！」青野先生は「アホ先生」という名を心から受け入れた。

その三浦君が今就職しようとしている。三浦君の良さを見出してくれた雇い主に感謝したい気持ちだった。そして、三浦君の地道な生き方に改めて励まされた。手を引いている子を優しく見下ろしながら言った。「先輩が頑張っているぞ。爽やかにいこう！」言葉の意味を知ってか知らずか、二人とも「ウン！」と強くうなずいた。

数箇月後、三浦君がアホ先生を訪ねてきた。唐突にタバコを突き出した。「先生、はい。」それは、アホ先生がいつも吸っているタバコだった。アホ先生は、三浦君がタバコをいたずらした時に注意した言葉を思い出した。「タバコは体に悪い。火も危ない。おまえが大人になって一人で働いて、その給料で買って吸え。それまでは預かっておく。」彼は、今日、自分の給料でアホ先生にタバコを買って来たのである。タバコを10個も買えばなくなってしまう給料で、貴重なタバコを先生に買ってきた。アホ先生は押し頂くようにしてそのタバコを受け取った。

初めて通常の学級を担任し、成績や特技などの他者との比較に依らずに、自分と友達を認め、助け合って生活することの大切さを考えたくてこの資料を作った。クラス全員が不登校気味の友達を気遣っていた雰囲気があり、互いに素直な意見を言い合える素地があったことに後押しされ、障害児教育に携わってきた自己紹介の意味を含めて、偏見や障害について彼らと一緒に考えたかった。

大人であっても子どもであっても、気づかぬうちに偏見や思い込みに囚われていることがある。相手を傷つけて初めて、自分にとっては些細な一言の中に、障害、疾病、貧困、不登校等々に対する誤解や差別的な考えがあったことに気づかされることもある。差別や偏見を是正する正しい知識を広めることも大切だが、誤りを素直に認め、謝罪し、やり直す勇気を持つことも大切なことであり、許し合うことができるのもまた人間の素晴らしさではなかろうか。「年齢や性別、障害の有無や得意不得意、そしてそれぞれの立場を超えて、互いに学び合い、過ちを許して共に生きる寛容さこそ、特殊教育が特別支援教育に転換される時期に最も重要な態度なのではないか」という自身の考えを日々の生活と照らし合わせて一緒に考えたかった。

あれから20年が過ぎた。発達障害者支援法や障害者差別解消法などが施行され、各処で「合理的配慮」が求められるようになった。特別支援教育は学校教育に位置づけられ、一貫した支援体制の構築も進んだ。交流学習や共同学習も行われている[4][5]。就学指導は就学支援に改められて、学習の場の選択も本人・保護者に委ねられるようになった。就職や進学に関する障害ゆえの制約が軽減されてきている。パラリンピックなどの障害者スポーツへの関心も高まり、芸術活動や余暇活動に関しても選択肢は広がっている。

しかし、保育所や幼稚園（認定こども園）、小学校や特別支援学校の内情はどうであろう。私自身の反省と共に、20年前の資料を時々読み返す。

孤立している子はいないだろうか。逸脱しがちな子を表立って責めることはないにしても、孤立している子や扱いに窮する子らへの関わりを諦めてしまうことはないだろうか。かれこれ60年前と変わらない心性（心のバリア）を誰もが有していると思うのは私の思い込みだろうか。

法や体制の整備は心のバリアに気づくきっかけとはなっても、心のバリアを解消することはできないのではなかろうか。人が未知のものや異なるものに不安や恐怖を感じる心性を持っていることを認め、不安や恐怖は逃亡や攻撃（排除）を呼び起こすことも理解して、未知を既知に変え、多様性（ちがい）を肯定的に捉える習慣を身に付けることが必要なのだと思う。「インクルーシブ保育（教育）」を推進する意義や実践とも重なるが、保育所・幼稚園そして学校は、多様性（ちがい）を肯定的に捉える習慣を身に付ける場となる必要がある。そのためには、多様な子どもと様々な大人との出会いが必要となる。

テレビやビデオで見るだけでは、知ることはできても体験とはならない。体験なしにその人を理解することはできない。予備知識がなくとも、出会って一緒に生活する中で、体に欠損や奇形がある友達や歩けない友達、手のかかる子、怒りっぽい子などの特徴を受け入れて適切に対応する子どもの姿を見ることもある。一方、どうしても一緒にうまく遊べなかったり学習を妨げられたりすることが続くと、距離を取り話し掛けず、皆で排除するような雰囲気も醸し出される。

保育所・幼稚園そして学校が多様性（ちがい）を肯定的に捉える習慣を身に付ける場となるための大前提は多様な子どもが共に生活する場となることだが、そこから先の相互理解を進める手立ては、この資料を作成した20年前と同様に、これからも模索し続けなければならない。

―第7通―「○年後の君たちへ」

高学年授業資料　2009年

「しんしょう」という言葉を耳にすることがあります。おそらく「心身障害児者」のことを指して使っているのでしょうが、その言い方に差別的あるいは軽蔑したニュアンスが含まれているように感じます。言われる本人はもとより、家族も、聞こえてしまった周囲の人も嫌な気持ちになります。皆さんとは4年生からの付き合いです。あまり親しい間柄とはいえませんが、2度ほど授業もさせてもらっています。今、どうしても伝えたいこと（伝えることで振り返るべきこと）があると思って、この資料を作りました。

例えば、「水俣病」という語でインターネット検索すると、汚れた河川の写真とともに、『入浴する智子と母』と題された画像を見つけることができます。また、「原爆」という語で検索すると、『焼き場に立つ少年』と名付けられた有名な写真を含めた衝撃的な画像が並びます。

母親は、水俣病によって体が不自由になった娘を幼い頃からずっと入浴させ続けてきたにちがいありません。原爆によって死んだ幼い「きょうだい」を背負って凛々しく姿勢を正して見据える少年は、どのような人生を歩んだのでしょう。皆さんも考えてみてください。

自分の責任ではない困難な状況に突然陥ってしまう人々は、いつの時代にも、世界のどこにも存在します。身近なところにもたくさん見出すことができます。公害や戦争の例を挙げましたが、人知を超えた運命によって、障害を負って生まれることもあります。「障害者」となる可能性は　私たち皆にあるのです。

人として問われるのは、どのような状況にあるかではなく、どのように生きているかということではないでしょうか。それは、自分より弱いと思われる隣

はらみちを美術館・蔵

人への視線と態度に現れます。（6年担任の）I先生は「切羽詰まった時に本性がわかる」とおっしゃいました。

困難な状況の中で淡々と前を向いて生きている姿こそ美しく、強い、「人間らしい」生き方ではないでしょうか。子どもを教えて（一緒に生活して）給料をもらって暮らしている私自身、そのように、「いつも謙虚に君たちに向き合ってきただろうか？」「相手を馬鹿にして利益を得たり、自己満足したりするような卑怯な人間になってはいないだろうか？」と、今、自分に問い直していきます。私も君たちも今後もまたいろいろなことがあるでしょう。その時会えなくても、一緒に振り返ってくれることを願ってこの資料を作りました。

右の絵は「はらみちを」という人の作品です。彼は詩の中で「母の背中でぼくは生まれた」と言っています。脳性マヒでもあった彼の人生を考えると意味深い言葉です。私たちは背中のぬくもりを忘れるように青年になり、思い出して大人となるのかもしれません。

特別支援学級担任として交流学習等で3年間共に彼ら（当時6年生）と学ぶことがあった。担任たちは具体的な目標を常に意識させることで、学年のまとまりを作り上げてきた。5年生では野外活動や修学旅行等の行事の際に、特別支援学級担任の私にも「健康・安全・障害理解・福祉」などの内容について授業をさせていただくことがあった。

この資料を渡し、日常生活をもとにしたプレゼンテーションを別途作成して、偏見と障害について話した。この資料についての細かい説明はせず、何年か経ってもう一度手に取ってほしいとお願いした。

そして、戦争によって障害を負った人々が多数いたこと。公害によって苦しんだ人や家族がたくさんいたこと。戦争や公害以外にも、不条理な出来事に突然襲われることが誰にも起こりうること。厳しい生活環境の中でも必死に努力する人々を笑ったりからかったりすることがいかに醜いかを知っているにもかかわらず、それを誰もが悪気なくやってしまうこと。身に覚えのない人など一人もいないこと。だからこれからどうするか。そのような問題提起をした。

この資料は、自分自身への戒めとして今も見える場所に掲示している。

―第８通―「千の風になって」に寄せて

（喪の作業として）　２００９年

母を肺繊維症（間質性肺炎）という難病で亡くして3年が過ぎました。

昭和一桁生まれの気丈な母でした。二十歳で、三陸の田舎町のそのまた海辺の一軒に嫁いで50年。牛を飼うか嫁をもらうかといった時代の花嫁でした。大家族の中の嫁は朝４時から夜11時過ぎまで毎日働きました。夫は結婚して数年後から体調を崩し、しばらくして胆のうを摘出。弟が家督を継ぐことも持ち上がるほどに家族の中で居場所をなくしかけていました。私が小学生の頃のことです。母はそんな義弟の他に私の大叔母の娘を私の姉として育て、学費を工面していました。道路工事や魚市場でのパート、そして墓堀（骨堂作り）もやりました。私は今も　美輪明宏さんの「ヨイトマケの唄」を聞くと涙が出ます。

貧乏を感じさせないように一生懸命働き、「これが普通（ちょっと下かな）」程度のおおらかさを育ててもらいました。それでも私が中学生のとき、買ってもらった新品の運動靴（決して高いものではありませんでしたが）に野球の練習で一日で穴をあけて帰ったときの母の寂しそうな横顔を今も忘れることはできません。日当を貯めて買い与えてくれた靴だったのでしょう。ですから私も、「つぎを当ててくれないかな。その方が丈夫になるんだ」と足先に丈夫な前掛けの生地でつぎを当ててもらいました。私は格好が悪いとは思っていなかったのですが、母にすれば、そのつぎ当ての靴はずっと心に残っていたようです。二十歳を過ぎた孫（T子）に私とのこんなエピソードを話すことがありました。

旅行中に体調を崩した父を兄が遠方の就職先から連れて帰ったとき、初めて兄は横座に座りました。それは兄が家長の役割を背負うことを暗示しているように思えました。兄が遠方の就職先に戻ってから、高校生だった私は、足取りのおぼつかない父を抱えてトイレに通わせました。私が大学に行くと決めたときには、「新聞配達をする。学費も出る。入試に落ちても予備校に通う。住むところは決まっている。」と結論だけを両親に伝えました。それは、父を母に押し付けてしまう後ろめたさを振り払うためのつっけんどんな事務的な報告だったように思います。大学を卒業し故郷に帰って就職した際に知らされたことですが、父は私の大学時代に自ら命を絶とうとしたことがあったそうです。そのとき、母は自分を責めたかもしれません。母は父の傍で熟睡できない日々が続いたことでしょう。私が家庭を持ち、長女の面倒をみてもらったときにも、かすかな物音に敏感で、何度もすぐに目を覚ましていました。

そんな母の死、そこに行き着く闘病も過酷なものでした。止まらない咳は睡眠時間を奪いました。血中の酸素濃度が下がっていき、次第に畑仕事は無理になりました。白内障と糖尿病も併発していました。裁縫は続けていましたが歩くこともままならなくなるとそれもできなくなりました。夜中の咳で父を起こすことに気兼ねして別の部屋で一人耐える日々が続きました。そのような時期に帰省した私は、母が背を丸めてじっと座っている姿を見て言葉がありませんでした。「小さくなってしまった」と立ちつくしてしまいました。そして、きょうだいに会えるのは今しかないと思いました。

母は7人きょうだいの5番目です。兄が3人、姉が1人、弟が2人いました。長兄と姉は既に他界していましたが、二人の兄（伯父）は遠方で所帯を構えていました。次男坊のモデルとして、兄弟との思い出や生き様を、ことあるごとに母は私に話しました。ですから、母の衰えていく様子を目の当たりにして私は、兄と相談してすぐに旅券を手配しました。大好きで拠り所にしていた伯父二人に死ぬ前に会わせてやりたかったのです。

訪問を受けた伯父たちは、私と同様に、母の小さくなった姿に驚きを禁じえなかったでしょう。「なぜこんなになってしまったのか」それが正直な気持ちだったかもしれません。しかし、嫁いだ妹をずっと心配していた二人は、哀れみの言葉はかけなかったでしょう。妹もまた自分たちが親に教えられた人生に対する態度を貫いたことを察して、笑い話のなかに全てを通じ合わせたにちがいありません。

幼い日、一緒に五右衛門風呂に入りながら母は「為せば成る、為さねば成らぬ何事も、成らぬは人の為さぬなりけり」と繰り返しました。私が就職して一人前の気分になっているころには「急ぐな、急げば転ぶ」と心配そうに言いました。そして、Kが自閉症という障害を背負っていることを知ると「までに（ていねいに）育てろ」とつぶやいただけでした。戦争という時代の不幸によって女学校に進学することは許されなかった母がどのようにしてそのような人生に対する態度を培ったのか。身を削るようにして働きながら生活の中で学び取った知恵の深さを感じます。そして、そのようなさり気ない言葉が今も時に応じて蘇ります。

死を間近にして、母は父を主治医に会わせました。それはこの世でのけじめをつけようとするようにも思えました。そして周囲の一人一人に短い手紙を残しました。私が病院を訪ねたある日、「自画像を描いてみた」と一枚の紙切れを見せてくれました。軽石を地中から動かすもぐらが描いてありました。母が言うには、見た目は軽いものの、芯のある、実際には結構な重さのある石を動かすもぐらが母でした。母の50年は父を支える年月だったのです。そして家族を養う毎日でした。そこには血のつながりの有無は関係ありませんでした。身を削って嫁ぎ先の家族を支え続けた半世紀だったのです。

入院して3箇月。母の姉の孫までお見舞いに訪れ、洗濯などをしてくれました。友人には入院を知らせていなかったのですが、聞き及んで一目なりともとお越しいただいた方々もいました。たくさんの方々が見舞いに訪れて下さいました。温かい真心が感じられもしました。そんな折、私も仕事や家を空けることができなくて付き添えない日があり、母に尋ねました。「姉さんに来てもらおうか?俺から電話していいか?」姉は風邪から脳炎を併発し後遺症を負った娘を育てており、なかなか家を空けることはできない身でしたが、電話をすると一も二もなく飛んできてくれました。そして日帰りの予定を融通して一晩付き添ってくれました。迷惑をかけることが嫌いな母が姉に電話することを快諾したことが意外でしたが、苦労して育った姉ともいろいろな話があったのかもしれません。兄だけでなく、私には姉がいることを改めて実感しました。そして、私が仕事で見舞いが遅くなった日、その日は特別に母の体調が悪かった日だったようです。偶然にも孫のT子が見舞いに訪れていました。到着した私に、

「今日はT子が女神様に思えた。」と母は心からほっとしたように言いました。気丈な母も体調が回復しない中で心細くなっていました。

そして、咳が益々ひどくなり、ついにモルヒネを使わねばならないときが来たとき、母に尋ねました。「眠るぞ。いいか。」そう言いながら泣き出す私に母は、「泣ぐな。何してんだ。早くしろ。」と催促しました。「うじうじするな。そうすることが母を苦しみから解放する唯一の手段なのだ。何を迷う。」そう言われているように思われました。私は二度と母が意識を取り戻すことはないと覚悟して主治医にモルヒネをお願いしました。病床から兄にも電話をしました。兄は処置を了承しつつも「もうだめなのか。だめなのか。」と電話口で泣いていました。母に携帯電話を渡しました。そして兄が駆けつけることを聞いて「早く来てけろ。」とだけ言いました。以前から母は「お前には悪いけれど、死ぬときは家督（長男）がいればいい。他には誰もいらない。」と言っていました。母は最期の夜と決意を固めていたのでしょう。そのようにして母は眠りにつきました。しかし、主治医は眠った母を前にして、翌朝にはまた目を覚ますことを私に告げました。まだあの苦しみは続くのか。いっそこのまま2度と目が覚めずに死を迎えることはできないものなのだろうか。もう母を苦しませたくはありませんでした。それから2週間。それは本当に長い時間でした。兄が戻って枕を並べて寝ました。兄は「おふくろとこのような時間を過ごすのは生まれて初めてだ。いつも働いてばかりで二人で過ごす時間はなかったからな。」とずっと付き添いました。咳が止まらず苦しがる母の背中を二人でさすりながら、私たち兄弟はモルヒネの量を一気に上げることや酸素吸入を停止することさえ考えました。一刻も早く母を静かに眠らせてやりたい。これ以上苦しませたくはありませんでした。目を覚ませば辛い現実に向き合わざるを得ない母を考えると痰の吸引もはばかられました。医師は家族の心情と母の病状に配慮して安静体位で自然に痰を排出させる方法を採用してくださいました。看護師さんも家族の何度かの葛藤状況と患者に対する看護の責任とに傷ついて涙を流されることもありました。長い2週間でした。母も私もモルヒネの投与を開始する時に覚悟を決めていました。母からすれば全く余計な2週間であり、私が嘘をついたように受け止めていたかもしれません。顔を合わせるたびに責められているような気がしました。申し訳ないような気持ちがして何も話しかけることができませんでした。ただただ見守るだけの２週間でした。しかし、最期を迎えるには必要な２週間だったかもしれないと今は思えます。それでもなお、あの苦しみを早く取り除くことができなかった自分を今も責めるのです。

その日の朝、母の肺が破れました。気胸を起こしたのです。携帯電話に医師から連絡をもらった私は「眠らせてください」と即答しました。医師は私が日ごろの治療と看護に感謝の気持ちを込めて書いた手紙に「30分で着くから待っていてくれ」と書いてあったのを思い出して連絡を下さったのでしょう。あまりにも惨《むご》い病気の前にはもう待たせることなどできませんでした。駆けつけたとき、母の胸は大きく膨らんで上下していました。それからまもなく心電図のグラフが乱れ、大きな息を一つして動かなくなりました。兄はモルヒネを最初に私が決断したそのときと同じように母に別れを告げていました。兄も母を誇りにして生きてきたことをその手をさすって伝えていました。間際、足をさすっていた私は母に告げました。「安心しろ。仲良く暮らすから・・・」と。そのとき、母はもう目の前の体の中には存在せず、背後の天井から私たちを見ているように感じました。

今も母は墓の中にはいないように思えます。一か所・同じ場所（ひとところ）に留まってはいないような気がします。嫁ぎ先の墓の中に骨はあっても、私は母の実家とその近くの叔父の家を訪ね、亡くなった伯父と伯母に手を合わせないと母に会えていないような気持ちになります。そして、故郷の海を眺めながら、あるいは息子の介護をしながら、時々母を感じています。何気ない日常のなかで母の声が聞こえたような気持ちになります。母の気配に背筋を正したり、くるまって眠ったりする瞬間があります。Yと話しているときにYの言動に母を見るときもあります。私の体にもそしてKとYのなかにも母は生き続けています。母が死んだそのときはYの中学校の卒業式の最中でした。Yは卒業証書を受け取ったと同時に、家族みんなが受け取る何かを確かに母から受け継いだのかもしれません。

「急ぐな。」「までに（ていねいに）育てろ。」そして「自分にできることをこつこつと積み重ねて家族と出会った人々に謙虚に向き合う人生を生きろ。」という母からのメッセージが「千の風になって」を聞くたびに聞こえるような気がします。

母の死を受容する喪の作業[6]としてこの手紙を書いた。誰に出すつもりもなかったが、母が死ぬ前に会いに訪ねた遠方に住む伯父にはお礼を添えて読んでもらった。

誇りに思える母がいたことは幸せである。そして、職場や地域で母が心を緩《ゆる》すことができた人々、母を支えてくださった方々に感謝したい。病弱な父が頼りなく情けなく思えることもあったが、看病と労働に明け暮れた妻に感謝しつつ闘病し続けた父もまた、精一杯の人生を送ったと今は思える。

両親や祖父母、そして曾祖父母の姿が私の記憶に残っている。明治、大正、昭和、平成そして令和とつながる家族の歴史（自分のルーツ）を彼らの笑顔や怒った顔と共に思い起こすことができることは有り難いことだと思う。匂いや体温までもが思い出されるのだから。

かつて、生きるための多様なモデルが子どもの身近にあった。求めれば、いつもどこかに受け止めてくれる人がいた。そして、田舎の暮らしには、家族の一員として毎日の仕事（風呂焚きや水くみ）があり、一人になりたいときは外に出て海を眺めて過ごすことができた。それは子どもにとって煩わしくもあり、自由でもある生活だった。家族それぞれが役割を持ち、助け合うことが当たり前だった。隣家も友達の家でもそうだった。

少子高齢化、都市化、過疎化、ワーキングプアや子どもの貧困、共働き家庭の増加、離婚の増加と家族形態の多様化等が進む現在[7)]、身近にいる子どものモデルとなる大人の数が減少していることは容易に想像がつく。両親のきょうだいが少なければ、伯父伯母（叔父叔母）や従妹などの血縁者も少なくなる。祖父母は遠方で独居（あるいは施設入所）、年に何回か顔を見に行く程度になっているかもしれない。共働き家庭で育つ子どもは放課後を児童館などで過ごし、ゆっくり話ができるのは夜の短時間となる。ひとり親であればさらに顔を合わせる時間は減る可能性が高い。きょうだいや父母は血縁者とは限らない。

児童養護施設で集団生活せざるを得ない場合もある。背景の異なる子どもたちが保育所・幼稚園・地域の学校で一緒に生活する。外国にルーツを持つ子も今後さらに増えるだろう。共通体験を前提にいわゆる常識頼みの対応が伝わりにくい状況は想像に難くない。

こうした状況の中では、一人一人の子どもの物理的そして心理的な居場所を作る努力が一層必要となるだろう。保育所・幼稚園・学校は、子どもたちの最も大切な居場所とならねばならない。様々なモデルと出会い、時間を共有できる場として、あるいは一人でいることを認められつつ見守られて過ごせる場としての機能を高める必要がある。

安心な居場所がなければ、そこから出て何かに挑戦することもできない。失敗し傷ついた時に戻る人や場所がなければ、不安は不満や挑発につながりやすい。不満や挑発は孤立を強め、その矛先は隣人や不特定多数の他者、そして社会に向けられることもあるだろう[8]。乳幼児期から青年期前期にかけての安心できる居場所作りに目を向けることは、今後さらに重要な視点[8]になると考える。

―第9通―

ゆるやかな時の流れのなかで

「そだてびと：保育者そして親」考　２０１２年

Ｋの21歳の誕生日。彼が淹れたお茶を家族４人で味わう。Ｋは大きめの急須の蓋をぎこちない手つきで押さえながら、茶碗を覗き込み溢れないように少しずつお茶を注ぐ。「美味しい」「ありがとう」という家族の言葉と、言葉を話せないＫの照れた笑顔が重なり、弾み、和む。夕食後、家族でテーブルを囲むことなど日常的な風景であろうに。その短い時間に幸せを感じることができることこそ豊穣な人生なのかもしれない。積み重ねられた21年が、味わい深くお茶に抽出されていた。

自閉症児でもあるＫは、２歳まで健常児として保育所に通った。心配や不都合が生じ、周囲がそれと気づくまで、「障害」というラベルは存在しない。対応できないラベルは貼らない方が良い。Ｋは偶然にも入所当初から、障害児保育の経験豊かな保育士に恵まれた。人とかかわることが好きな笑顔の多い子に育てていただいた。保育参観の日、寄り添うように視線を合わせ、行動の自発を待つ保育士の姿があった。そして、夕日を共に眺めながら「K君も確実に成長してますよ」とつぶやくように話された一言が心にしみた。そのシチュエーション全体に包み込まれた一瞬は感動とともに今も心に残っている。それからは、それ以前に増して時間を作り、妻と二人でKを誘い、何度も何度も毛布ブランコをして遊んだ。Kと姉のYが交代で、10まで数えながら毛布に乗って揺れを楽しんだ。1時間を超えて繰り返される遊びには、両手を合わせてのお願いポーズを取れるようになったり、人差し指を立てて「もう1回」を要求できるようになったりするたびに「すご～い」と歓声が響く楽しさもあった。

卒園後、特殊学級に入学して9箇月過ぎた頃、校門をくぐることができなくなる。夜驚症などのきつい睡眠障害に悩まされ、不安が強まり、強迫的な行動が増える。過敏性が強まると蛍光灯は痛く感じられるのか点けることは許されず、夕食に闇鍋をつつくようなこともあった。家族はその状況を「暗いと味が分からなくなるね」「自分の口がさがせない」と笑い飛ばした。寝室の蛍光灯には黄色のスーパーの袋が貼られた。光が和らぐと少し眠りやすいようだった。それから7年続く長距離ドライブも始まる。階段に座って駐車場を覗き込むようにして私の帰宅を待つK。私は帰宅後すぐにKを乗せて毎日平均30キロを走った。ドライブを切り上げられず強引に帰宅すると、不本意な帰宅に泣き叫びながら走って玄関に駆け込み、そのまま布団にもぐりこむこともあった。だから途中の日帰り温泉で入浴を済ませるようにした。二人で一つのロッカーを使い、シャワーを浴び、洗髪を済ませ、体を洗って、大きな湯船につかる。日によっては、物の位置や手順へのこだわりが強まり、待つことや変化を極端に恐れることがあった。そういう日は、大暴れすることなく入浴を済ませることを優先して、一連の流れを二人で10分以内に終えなければならないほど切迫した雰囲気に緊張しながら対応した。だからこそ、体を拭いて着替えて店を出るとほっとした。入浴料は一人７００円、二人で1回１４００円。10分のための出費には多すぎると自分に呆れることもあった。それでも、入浴後にさっぱりした表情で満足そうに車に戻る日があることがこの習慣を変えさせずにいた。車内ではKの好きな曲をかけ、仕事や俳句を思案し、移りゆく季節を車窓から感じつつ私は車を走らせた。

一方妻は、帰宅したKの横に侍らされ、姿勢を変えることも許されず、寝返りもできない状態で添い寝させられることに耐え続けた。数週間をかけて本を布団に隠して読めるようになった時には、自由が何ものにも替え難いことを実感していた。Yもまた、両親の関心がKにのみ注がれるようになった憤りに堪えつつ、無口な小学時代を過ごした。「Kなんかいなければいいのに」と言えた時、彼女は本当の姉となった。そして、そのつぶやきは、家族が互いの気持ちを正直に伝え合うきっかけとなった。不登校から3箇月後、不安や強迫的な行動も減ってきたこともあり、妻が付き添って登校を再開し、半年をかけて不登校状態を抜け出した。その後3箇月間、徐々に妻と過ごす時間を減らし、担任と教室で過ごす時間を増やしていった。不登校状態から抜け出した後、妻もまた復職し、放課後はボランティアの学生さんにKをみていただいた。当時の日記には「子育てには長く、仕事に短い24時間」「穏やかに女神（ボランティア）の胸に甘え夢見よ。鎮めよ。壮絶な記憶。」そんな記述が残っている。

3年生からは機嫌の良い日が増えてゆく。そして、Kの第一期黄金時代が訪れる。委員会活動で雑草を運んでいる姿に気づかないほどKは集団に馴染んでいた。通常の学級の音楽の授業にも一人で参加していた。「K君が体を動かしてないよ。声をもっと出して（歌詞をはっきり）。」と評価者としての居場所を作ってもらって、Kは歌の盛り上がりと共に体を揺らし、笑顔になった。それを見た周囲の子どもたちも笑顔で、より一層大きな口を開けて晴々と合唱を楽しんでいた。そんな集団作りがなされていたからこそ、「K君と遊びにきたんですけど。」と休日に女の子が3人で我が家を訪れるような奇跡が起こったのだろう。そしてこの奇跡は、一緒に過ごすことが楽しいと感じられる何かがKにあることを示すものでもある。卒業アルバムに載っていた修学旅行の宿の一室。中央に寝そべって通常の学級の集合写真にとけ込んでいるKの姿に気づいたのは、卒業後1年経ってからだった。

特別支援学校に進学し環境が変わると、絶食が続き、入浴を拒み、排泄習慣が退行した。そんなとき、ドライブの締めくくりで立ち寄る店で、我が家を訪ねてくれた女の子と会った。店内では軽く手を振ってあいさつに応えただけだったが、車に戻るとすこぶる上機嫌。連日声を挙げて泣いていたのは、あるいは初恋?表情よく過ごす時とうつろな表情で、わずかな刺激に険しく反応する時のギャップが広がる。妻は監禁状態でつき合い。私は5時間を超えるドライブにつき合う。物の配置などの状態変化に大泣きするKの声に家族は胸に痛みを感じつつ耐える。3、4日でスイッチが切り替わると順調な毎日が訪れる。このパターンが第二次性徴に入った頃から顕著になった。抗うつ薬などを使いながら、そのような波を乗り越える。そんなある日、妻に手を振って一人で寝ることを伝えてからは、リビングにつながる和室で添い寝をせずに就寝するようになった。自分一人の時間が欲しくなったのかもしれない。

うつ症状?フラッシュバック?強度の不安?対応に苦慮するそんな折、てんかん発作が初発する。その後も何度か発作が起きて仕事中に携帯が鳴った。大発作？救急車？まさか重積（状態）[1]？死ぬ？車を病院に走らせながら脳裏をよぎる恐ろしい考え。この生活が終わる？ほっとする自分に気づいて慌てるように、「待て、待ってくれ。まだやれる。やらせてくれ。」と思わず声が出た。「生きてたか。」とは、病院でKを前にした言葉。ホッと胸を撫で下ろす。それまで以上にKの存在がかけがえのないものとなった。1年かけて薬の調整がうまくいき、発作が抑えられると、穏やかな日々が戻る。てんかん治療薬（テグレトール）が発作だけでなく不安も軽減したように思えるほど、情緒的な浮き沈みも小さくなった。そこで、てんかん発作を温泉で起こすことを避けるため、妻が家で入浴させる時間を見計らって私が帰宅するように日課を変えた。後にして思えば、ドライブはKの「切れないスイッチ」[10)]の一つだったのかもしれない。

高等部進学と施設への通所はスムーズだった。特別支援学校でも大好きな先生に出会い、今は就職している同級生とのかかわりを楽しんだ。作業学習や職場実習で働く体験もできた。1時間を超えるクラシックコンサートやプラネタリウムで音楽や星空を楽しめるようにもなった。

順調な日々を送っていたあの日、震災が起きる。妻が職場から逸早く自宅に戻る判断をした。自宅はタンスが倒れ、食器が散らかり、床が水浸しになっていた。それを片付けているうちに、Ｋも車で送られて運良く自宅に戻ることができたことを後で知った。Ｋは妻が何とか作ったスペースに敷かれた布団にもぐり、めそめそと長く泣いていたらしい。それでも自宅が無事で、わずかなスペースであってもＫの居場所を確保できた我が家は恵まれていた。そして、地震直後の携帯が使えるわずかな時間に家族との連絡が通じたことも幸いだった。職場に残っていた私も、妻同様に同僚に対する後ろめたさを抱きながら帰宅した。それから数日、食料を求めて自転車を走らせ、情報を集めた。出荷できず捨てざるを得ない牛乳を近くの牧場で分けてもらいもした。牛乳の栄養価の高さを実感した。近所にも配った。クッキー缶をオーブン代わりに、融け始めた冷凍庫の魚を石油ストーブの上で蒸し焼きにした。原発事故による放射能を心配しながらも、積もった雪をかき集め、溶かして皆で体を拭いた。スーパーに並び、食料を求める列には、Ｋの同級生が母親と並んでいた。雪が降りしきる中であっても、一人で自宅に残すことができない息子を連れて列に並ばざるを得なかったのだろう。それぞれの事情を抱えた人々が、生かされたことに感謝し、助け合う姿がそこかしこにあった。日本は素晴らしい国だと思った。私は自転車を走らせながら、「こんにちは！」と声をかけることぐらいしかできなかったが、食べ物を分け合い、皆が互いに励まし合いたいと心から思った数週間だった。

親は弓。弓をしならせるのは放つ者。子は矢。矢は放つ者の意を受けて的が定まる。弓は矢が的を射ることを願って己をしならせる。鉄弓ではなくとも、しなやかな蔓を幾重にも巻いてより強い弓となることはできる。巻き蔓こそ隣人。すぐ近くにその人はいる。障害児を育てる親は、そのことを、子どもを通して学ぶことができる。そして、震災は日本のあちらこちらにそんな人々が沢山いることを教えてくれた。

「仕方がない、やろう」とその都度決意して付き合いきることができる者こそ親なのだ。リンドバーグ夫人、大江健三郎の言[11]を俟たずとも、また、いずれその関係が逆転し、見守っていた者が看取られる側になることが自然なことだとしても、付き合いきる経験をした者だからこそ、我が子と我が子を残して死ぬ身を大いなる者に委ね、祈ることができる。

プラネタリウムに向かう道すがら、腰を痛めた両親の遅い足取りを労わるように振り返るKと、彼の周囲にいる人々を信じて。


実際は、この手紙を書いた後もＫの病状の悪化や私自身の仕事上の迷いは続き、一つ一つの局面で右往左往しながら日々を過ごしてきた。ただ、震災の経験は、生きていることへの感謝やそのままの自分を認め赦して家族と仲良く過ごして行こうという気持ちを確かに強めた。人との出会いや再会がかけがえのないものに思われ、身の周りの自然や風の音にも新鮮さを感じることができるようになった。

反面、家族中心に物事を考えるようになると、自己中心的な面も強くなった。「自分の仕事を後にする」ことが減って、仕事からの逃げ癖がついてきたことを実感することもあった。自分のしたいことをしているか？誰かのために働いているのか？家族を理由に為すべきことから逃げてはいないか？同様の思いを抱いていたとしても、仕事を休んで家族を優先してきたのは妻の方が圧倒的に多いのではないか。中途半端な仕事ぶりに「男を降りた」と思われていたかもしれない。「自分で選択したこと」と現状を受け入れる覚悟をしてきたつもりではいても、仕事と家庭の間で中途半端な自分が情けなく思えた。

しかし、そのような時期にＫの淹れてくれたお茶は、心の靄を晴らしてくれた。「いいじゃないか。中途半端なうちはそのままで。そのうち少しはマシになるかもしれないし。マシにならなくてもこうして穏やかに過ごせる時間が訪れたのだから」と、そんな思いが自然に湧いてきたことを今も覚えている。

かけがえのない人だと気づくには慈しんだ時間が必要だ。慈しみ方には様々あるが、急がずに、中途半端な自分をも受け入れて、葛藤しながら歩みを進めるより他に方法はないのかもしれない。時には荷を分かち合いながら、何とか進んで行けば良いのではないか。それができることが幸せなのだ。立ち止まり、また歩みだす。それを死ぬまで続けようと思う。

1

1回の発作が10～15分以上長引いたり、1回の発作が終わったあと、意識が戻らないうちに次の発作を起こしたりした状態で迅速かつ適切な治療が必要となる。

—第10通— 若者（K、保育者を志す卒業生）へ

２０１９年

諦めていた「就活」が 思いがけない形で実り、小学校教員の定年退職まで3年を残して現職に転職できた。先にこの世を去ることを想定した身勝手な戯言であっても、同年代で最近話題に上る「終活」を考えることで、覚悟と 進むべき 方向を確認したい。

そして、保育の道を志し厳しい現場に臨む若者には特に、孤立感を乗り越えて自らを拓くことが全てのはじまりとなることを伝えたい。

「Kへ」

本当にありがとう。君が居てくれて良かった。君の笑顔が何よりうれしい。

君が私の隣りでパズルに集中し時々切片を手渡して参加を促す仕草、空を見上

げて跳びはねながら散歩する様子、カラオケや旅行を施設の仲間と一緒に楽しむ姿など、誰かと一緒に幸せそうに穏やかな笑顔を浮かべている姿を見ると心から幸せを感じる。自分が何かに没頭することが出来た時や何かを成し遂げた時に感じる達成感を伴った幸福感とは別の、「今ここに居て（生きていて）良かった」という安堵感のような幸福感がそこにはある。かけがえのない人がそこに居ることに気づくことができた瞬間に誰もが感じる安堵感であり幸福感なのだと思う。そして、それは、自分自身もまた、その人にとってかけがえのない存在となっているかもしれないという満足感のようなものが含まれている。

君が難産の末、帝王切開で生まれてから30年が過ぎた。君の屈託のない笑顔やキョトンとした表情、「エターナルボーイ（eternal boy）：永遠の少年」とも言うべき表情は幼いころと変わらない（ように両親には見える）。言葉を話せない君は、伝えたいことが伝わらないもどかしさをいつも感じてきたことだろう。伝えることを諦めてしまうこともあったかもしれない。君の伝えたいことを聞きとる耳と推し量る目を磨いてきたつもりの私たち家族でさえ、聞き取ることができているかどうかは心もとない。それでも君は微笑みを浮かべて家族を見渡し、共に笑顔になることを楽しんでくれている（ように思う）。君を中心に毎日が過ぎてゆくように家族には感じられるが、共働きでせわしなく過ぎた年月には、君にとっては自分が中心とは思えない日もあったに違いない。

Yと一緒に保育園に通い出してから30年、君たちは日中をいつも家族以外の人々と過ごした。優しい人々と、そして意地悪に思うこともあった友達（先生）と。いろいろな人との関わりの中で多くのことを学び、自分なりに歩んだ末に今日がある。「てんかん」による生活上の制約と身体と心へのダメージを受けながらも、与えられた環境の中で精一杯生活し、働き、余暇を楽しんでいる。それだけで私には君が誇りに思える。貧困や大病そして不条理な投獄に堪えて生き抜いた人の姿には人間性の強さを感じさせられるが、君もまた、人生の不条理さを耐え忍び、自らの生を全うしようと努力する大人に成長していることを誇りに思い、卑怯な自分や未熟な自分に気づかされもしているのである。

君がこれからもその笑顔を絶やすことなく、周囲の人々を信じて生活していける環境に居ること、それだけを私は願う。「てんかんが悪化しませんように」「友達や介護して下さる方々に恵まれますように」そして「きょうだい仲良く生を全うできますように」と。

両親にできることは経済的な不安を少しでも減らすこと、そして、病院や施設とのつながりを大切にしていくことぐらいかもしれない。いや、そんなことよりむしろ、Yが言うように、健康で長生きすることがそれらの心配を減らす最も現実的な方法なのだろう。

かつて「子どもを見送ってから死にたい（一日でも子どもの後に死ぬ）」と言った障害児の母がいた。社会に安心して我が子を託すことができない心情に寂しさを覚えもしたが、今私も、実感を伴ってそう思う。もちろん、君はそんな時にも「安心しろ。仲良く暮らすから。」と思っていてくれるのかもしれないが、身勝手な親である私は、見送って安心して死にたいと思うのである。とはいえ、君の死に至るまでの苦しみを見守り続けることに耐えることができるとは思えないのだが・・・

「卒業する皆さんへ」

最後まで読んでいただいてありがとうございます。恥ずかしさを圧し殺して30年を振り返りました。講義や演習で、色々な言葉で話してきましたが、三つの視点「俯瞰的な視点」「現象学的視点（懐中電灯・サーチライト）」「気持ちや意図など、見えないものを推し量る視点（分からなくとも寄り添い共に同じ景色を眺めることも含めて）」を意識することが大切だと思います。保育士・幼稚園教諭としても、家族の一員としても、伴侶との間でも。そして、突然の衝撃（別れや不条理さ）に耐え、豊かな人生を築くためにも。

今、原稿を読み返すと、そのことを私は皆さんに伝えたかったのかもしれません。

一人一人がそれぞれの事情を抱えて巣立っていきます。希望に胸を膨らませて。社会に出る覚悟を決めて。あるいは不安に押しつぶされそうになりながら。

新しい環境はストレスに充ちています。分からないことだらけです。誰もが身の置き場もない不安感を抱くのが当たり前です。一所懸命に新しい環境に適応しようと努力し、少しでも「できる」自分になりたいと焦るのも当然です。落ち込んで、「私なんか」と思うこともあるでしょう。

また、恋愛や結婚、出産と育児など、私生活でも大きな変化があるでしょう。自分や家族の病気や怪我、離婚、中には私と同じように障害児を授かることもあり得ます。

そんな時にこの「手紙」を思い出していただければ、書いた者としてはこの上ない喜びです。

その時、どんな気持ちを抱いていても、じたばたして情けなく思えても、「そのままでいい。まずはじっくりその感情を味わう先に光は見えてくる（ひとはひとところに留まってはいない）」と信じることができるエピソードや言葉をこの「手紙」から見つけていただけたら、恥ずかしさを圧し殺して書いたことを悔やむ気持ちも薄れます。

孤立した状況だと思った時こそ周囲を見渡してください。探してください。俯瞰してください。「独りぼっち」「私なんか」という思いを受け止めてくれる人が必ずいます。そして、その状況は必ず変化します。

自尊感情には社会的自尊感情と基本的自尊感情の二つの領域があると言う[3)]。何かに没頭してやり遂げることは社会的自尊感情と近く、能力や生産性の軛から逃れがたいものを持っている。また、かけがえのない人に気づくことによって得られる安堵感や幸福感そして満足感は、基本的自尊感情に近いと私は考える。Kを中心に据えた生活によって、「長所も欠点も併せ持った『あるがままの自分』を受け入れ、『かけがえのない存在』としてKや家族そして自分自身を認める感情（心構え）」が培われたのだから。

しかし、あらゆることが成績の優劣あるいは報酬の多寡（生産性）によって評価される社会においては、相対的な位置（順位や序列：偏差値）を互いに気にせざるを得ない。「みんなちがってみんないい」「多様性を尊重する社会」「共生社会」と声高に叫んだとしても、生産性の尺度を超えることは難しいのではなかろうか。能力や成果と結びつきやすい社会的自尊感情を高めることに注目が集まり、基本的自尊感情を培うことはさらに難しくなるように思う。

子どもの育ちや家族そして家庭生活に不具合があれば、自尊感情を培う難しさにはさらに拍車がかかるだろう。出自によって生活の質と学習機会に許容しがたい不平等が生じる場合もある。だからこそ、子どもの自尊感情をバランスよく涵養する支援システムとしての、いじめ、不登校、児童虐待、子どもの貧困等への対策を充実させ、あらゆる差別の解消に向けた取組を進める必要がある。

全ての子どもに基本的自尊感情を培う場と日常的な関わりを保証したい。保護者や保育者そして教師が安定して子どもと向き合い、注意を共有し語り合う（やりとりをして伝え合う）時間と場所を作るその先に、生産性を超えた新たな価値を創造できる豊かな社会が訪れるのではないだろうか。そのためなら、男女共同参画、働き方改革、「イクメン」「父子手帳」など、具体的な施策を工夫すればよい。そして、民間では地域の実情に合わせた町内会の仕組みや子ども食堂などのＮＰＯを立ち上げる。多様な人々が交流し、安心して過ごせる「時間」と「場所」が身近にあることが求められている。

ＩＣＴの活用やＡＩなどの新技術を導入することで、物理的な場所とは別の交流の場も立ち上げることができる。近い将来、同規格のものを大量に生産する部分はロボットに肩代わりされ、合理的に作業計画を立てる部分にはＡＩが導入されることも予想できる。利便性の高い個性的な物やシステムの開発が人間に求められるようになるだろう。他者とコミュニケーション関係を築き、協働することがさらに求められる。そのような関係を築きやすくする支援ツールも開発され続けるに違いない。

また、介護ロボットやコミュニケーション型ロボットが導入されたとしても、日本の人口構成からして、子育てや高齢者福祉・障害福祉に関わる人の必要性は高まり続ける。基本的自尊感情への注目度はさらに増していくだろう。そして、出会いに感謝し互いにかけがえのない者として認め合う（基本的自尊感情を育む）ためには、情動・感情・思考を総合した相互交流手段としてコミュニケーションを捉え、それぞれが可能な方法で、体調や気持ち、意図や考え、感動を伝え合うことができるツールを工夫（開発）し、蓄積された事実をもとに、より効果的な支援を組み立てる営み[1]が必要になる。

Ｋが暮らすこれからの社会を思い描くと不安も大きいが、街中にもメディアにも障害者の社会参加は確実に拡大している。「ギフテッド」と称される才能ある障害者だけでなく、誰もがそれぞれの好きなことや得意なことに没頭し、公開・販売・交流して社会とつながることで達成感を味わう姿を想像すると心が躍る。高度に進んだ情報通信サービスやＡＩの導入によって、障害の有無に関係なく、販売はもちろん、その本質が「感動（驚き）」にある芸術の世界で個性を発揮する障害児者や高齢者も増えるだろう。感動（驚き）を呼び起こす新奇さ精緻さ均整さ（不均衡さ）を含んだ「形や色」「音や声」「文字や文章」による表現活動に没頭する人々が増えることで、より豊かな地域文化も醸成されるかもしれない。そして、その交流は目の前の端末を通して全世界とつながる。時にはバーチャルでのつながりが隣人との出会いをコーディネートすることもあるだろう。そして、そのような社会では、多様な地域・目的通貨（仮想通貨やクーポン）等がお互い様の気持ちを形にする手立てとして使用されているかもしれない。

夢は広がる（現実は厳しいからこそ、明るい未来を思い描きたい）。

1　筆者は記録（保育記録、相談記録、個別の指導計画等）をデータベース化し、振り返りやケース会議資料等の作成に資する取組について研究を進めてきた。ひな形として作成したデータベース（マイクロソフトアクセスで作成）を「保育所研修資料」として無償配布している（興味のある方はリンクからダウンロード可）。

第 10 通　　若者（K、保育者を志す卒業生）へ

おわりに

この小冊子は２０２０年に現職に就いて最初の卒業生を送り出すにあたって、家族を支えてくださった保育者への感謝を込めて作成した「手紙」という資料をもとにしている。卒業生に向けてのメッセージの最後を「夢は広がる」と締めくくったが、転職後初めて卒業生を送り出して間もなく、新型コロナウイルスの感染拡大に全世界が襲われた。そして、２０２２年にはロシアがウクライナに武力侵攻するという事態まで起きてしまった。

以前から隣国がミサイルを発射するたびに、年金や貯蓄など、数年・十年後を考えることさえ意味のないことのように思えることがあった。次の瞬間に跡形もなく消えてしまっても想定外ではない状況では「今、ここ」が全てなのかもしれない。

自然災害によってエネルギーと食料が突然途切れることも既に経験している。皆が健康で長く働くことでしか、自助も共助も福祉も維持できないのが少子高齢社会であることは明らかだ。それでも何となく「１００歳まで生きるかもしれない」と希望と不安が共存する心情で毎日を送っている。「自己責任」という言葉に過敏になり、生活習慣病に罹っ

たことに身を縮めながら・・・

再生可能エネルギーを活用した持続可能な社会（世界）を実現しようとする若者たちの行動が目を引く。真に生活を豊かにする思想や技術が登場する期待感も抱くことができる[12)]。一方で、食料問題、エネルギー問題、そしてロシアのウクライナへの侵攻による影響など、現在の生活と未来を突然失う可能性も現実味を帯びている。

とはいえ、起こり得る最悪の状況を想定して諦めた先に訪れる未来は今より生活しにくいことは確実だろう。生活しにくい社会（世界）に我が子をはじめとした次の世代を住まわせるわけにはいかない。そして、どのような現実のなかでも、隣人と助け合い、人類の連帯を信じて、生きることを諦めたくはない。先の戦争で人類が学んだことは、情報を開示して信頼性を高め、それをもとに冷静に現実を分析し、戦争を避ける道を探し求めることが必要不可欠であるということだ。統計偽装や公文書の改ざんが明らかになり、権力から独立しているはずのマス・メディアが十分にその役割を果たすことができていないからこそ、プライバシーに十分に配慮しながら情報を積極的に公開し、透明性を上げることが情報の信頼性を高めることにつながる。信頼できる情報をもとに吟味・検討することが、具体的な支援と評価・改善につながる。そのためには、情報交換と情報共有の工夫を社会のあらゆる場で心掛けなければならない。「誰もが、いつでもどこからでも、誰とでも、自分らしく学べる社会」[13)]が構想されてもいる。保育や教育の現場を考えれば、それは日々の保護者との対話であり、連絡帳での情報交換であり、園便りやＨＰでの情報発信、面談や懇談、園内研修、子育て教室などの場面が挙げられるだろう。そして、保育者が子どもと接する態度や基本姿勢、活動の工夫とその記録（文章や画像、映像等）が、情報交換と情報共有の基盤となる。

ＩＣＴは人のつながりを一気に広げ、一人の表現があっという間に万単位の人々の共感や批難を引き起こす時代となった。個々の表現手段に応じた工夫によって、障害や言語の違いを乗り越えたコミュニケーション関係の構築も可能になっている。また、ミサイルを撃ち込まれているウクライナからアップロードされる動画のように、市民が直接全世界に現状を伝えるなど、情報を発信する際の機材及び設備や経済的な負担などの制約もなくなってきている。しかし、それは同時に、フェイクニュースや誤解と偏見が瞬時に拡散する怖さも含んでいる。自分あるいは子どもの命にかかわる状況や災害や戦争などの重大局面にはなおさら、信頼するに足る情報かどうかを確かめたい。そして「特定の誰かを無条件に信用してはいないか？」と自らに問いかけ、隣人（他国に住む知り合いということもある）と話す機会を持つことを心掛けたい。指導者と言われる「言葉巧みに民衆を導く誰か」に賭けるのではなく、非常時こそ隣人との助け合いが必要なのだ。

一人一人が何らかの表現や行動を起こして誰かと「つながる」ことが、未来への第一歩となることを若者たちは様々な形で見せつけてくれている。そのように考えると、この小冊子を書き進めたことも無駄ではないと思いたい。この小冊子が、保育者を目指す学生や保育士・幼稚園教諭の皆さん、子育てにかかわるすべての人（そだてびと）との出会いのきっかけとなることを願う。そして、目の前の子どもやこれから出会う子どもの豊かな子ども時代を創造する「そだてびと」のコミュニケーションが豊かに発展することを期待する。

出版にあたって貴重な意見を頂いた㈱金港堂出版部の菅原真一氏、田高佳枝氏に心より感謝申し上げたい。

参考文献

1）菅原弘「自閉症児とその家族の10年ー親として教師としてー」(2002) 明治図書.
2）菅原弘「自閉症指導・支援のための情報データ活用実践ー『伝え合う関係』を大切にした取り組みー」(2010) 明治図書.
3）近藤卓「自尊感情と共有体験の心理学」(2018) 金子書房.
4）文部科学省「特別支援学校教育要領・学習指導要領解説総則編（幼稚部・小学部・中学部）」(2018) 開隆堂出版.
5）小林徹、栗山宣夫編「シリーズ知のゆりかご ライフステージを見通した障害児の保育・教育」(2016) みらい.
6）E. キューブラー・ロス 川口正吉訳「死ぬ瞬間 死にゆく人々との対話」(1971) 読売新聞社.
7）松本園子、永田陽子、福川須美、堀口美智子「実践 家庭支援論 第3版」(2017) ななみ書房.
8）岡田尊司「死に至る病 あなたを蝕む愛着障害の脅威」(2019) 光文社.
9）米澤好史「愛着関係の発達の理論と支援」(2019) 金子書房.
10）高木隆郎、パトリシア・ハウリン、エリック・フォンボン編「自閉症と発達障害研究の進歩 vol.8」(2004) 聖和書店.
11）大江健三郎「『自分の木』の下で」(2001) 朝日新聞社.
12）スティーブン・ピンカー 橘明美、坂田雪子訳「21世紀の啓蒙（上下）」(2019) 草思社.
13）デジタル庁 総務省 文部科学省 経済産業省 (2022)「教育データ利活用ロードマップ」https://cio.go.jp/sites/default/files/uploads/documents/digital/20220107_news_education_01.pdf

〈著者紹介〉
菅原　弘（すがわらひろし）
1961年6月生
1984年　北海道教育大学札幌分校養護学校教員養成課程卒
2000年　宮城教育大学大学院障害児教育専修修了（修士　教育学）
2014年　東北大学大学院教育情報学教育部博士課程後期（博士　教育情報学）
〔職歴〕
1984年　宮城県気仙沼養護学校教論
1987年　仙台市立鶴谷養護学校教論
1990年　仙台市立木町通小学校教論（以後複数校で通常の学級、特別支援学級を担任）
現在　仙台青葉学院短期大学こども学科准教授
〔著書〕
2002年　自閉症児とその家族の10年－親として教師として－（明治図書）
2010年　自閉症指導・支援のための情報データ活用実践－「伝え合える関係」を大切にした取り組み－（明治図書）

ともにそだつ「そだてびと」への手紙
－振り返りから道を探す一つの方法－

検印省略

令和4年5月30日　初版

著者　菅原　弘
発行者　藤原　直
発行所　株式会社金港堂出版部
仙台市青葉区一番町2-3-26
電話 022-397-7682
FAX 022-397-7683
印刷所　株式会社仙台紙工印刷

ISBN978-4-87398-149-9